Der Biotologe Yann
... baut mit dem Biber

Biotologe Yann reist um die Welt

www.tlelebooks.com
© 2013 Tlelebooks, Ringenwalde
1. Auflage
Alle Rechte vorbehalten

Text und Idee: Agnes Gramming-Steinland
Fotos: Jim Gramming
2. Kamera: A. Gramming-Steinland
Titel: L. Kanzler, S. 9, 22: G. Schwill,
S. 4, 12, 25, 31, 35: Thinkstock,
S. 40: T. Hardt,
Wissenschaftl. Begleitung, Glossar: Michael Steinland
Layout: Grafikgemeinschaft Blattwerk, Hannover
Lektorat: Ulla Mothes, Berlin
Obst & Ohlerich, Freie Lektoren, Berlin
Titel- u. Klappentexte: Dominic Saxl, Textsafari
Druck: gutenberg beuys feindruckerei, Hannover
Printed in Germany

ISBN: 978-3-944275-11-6

Gedruckt auf Cirle silk
(100 % Recycling-Anteil u. FSC®-zertifiziert)

FSC
www.fsc.org

RECYCLED
Papier aus
Recyclingmaterial
FSC® C009051

12. Abenteuer in Brandenburg

Der Biotologe Yann
... baut mit dem Biber

von Agnes Gramming-Steinland
Fotos von Jim Gramming

Dank an Yann,
unseren großen und mutigen Biotologen,
der dieses Abenteuer in Brandenburg bestand.

TLELE
BOOKS

Grönland

Atlantik

Europa

Deutschland   Brandenburg

Afrika

Ich liebe diesen Ruf! Der Tag bricht gerade erst an. Schnell springe ich aus meinem Bett und laufe zum Fenster: Kraniche fliegen im ersten Morgenlicht zu ihrem Fressplatz. Wie schön!

Ich bin wieder zu Hause. Lange reiste ich mit meinen Eltern um die Welt. Sie sind Wissenschaftler und beobachten das Klima. Während sie arbeiteten, das heißt, mit vielen Menschen sprachen, auf ihre Bildschirme schauten, Fotos machten und alles Mögliche maßen, ging ich auf Erkundungstour. Das war eine abenteuerliche Zeit. Nun muss ich mich erst wieder an zu Hause gewöhnen. Aber wenn der Sommer vorbei ist, beginnt ein neues Abenteuer: Ich komme in die Schule!

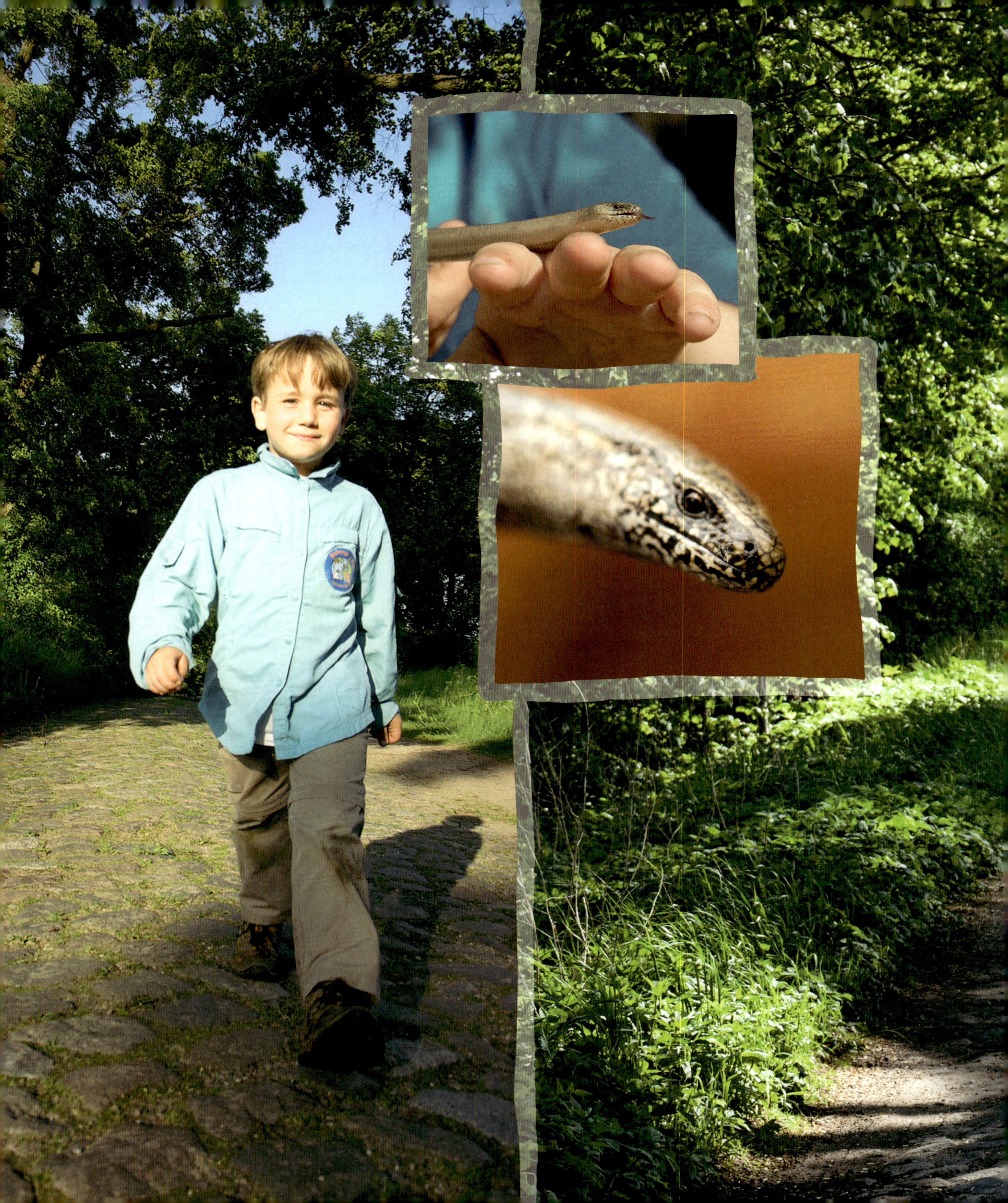

Mein Weg führt mich auf die alte, von Hecken und Linden gesäumte Pflasterstraße. Die Holperstraße ist so unbefahren, dass zwischen den Pflastersteinen Gras wächst. Als eine Blindschleiche über die Steine huscht, greife ich sie mir blitzschnell. „Wie schön, dass du nicht giftig bist", sage ich zu ihr, streichle ihre weiche Schlangenhaut und lasse sie auf den Boden zurückgleiten, wo sie in der Böschung verschwindet.

Hier in der Uckermark gibt es viele Tiere. Über mir fliegt eine Gans und in der Weißdornhecke singt die Nachtigall. Ein Hase steht aufmerksam, seine Löffel gespitzt, mitten auf der Straße, um mit ein paar schnellen Haken wegzuspringen, als er mich entdeckt.

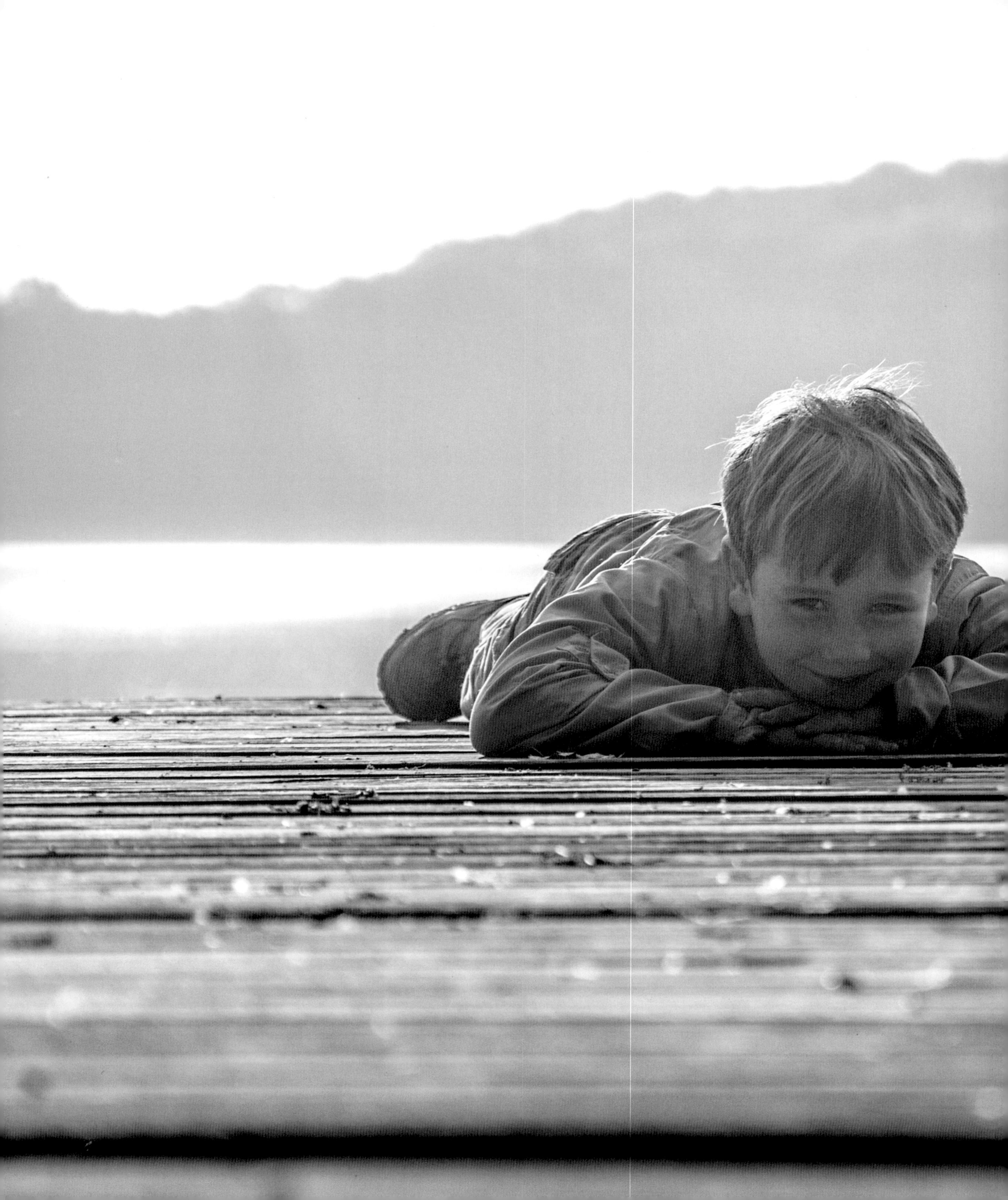

Die Straße hinter mir lassend, schlage ich den schmalen, verwachsenen Pfad zwischen den Seen ein. Am alten Steg halte ich kurz inne und fühle, wie warm das Wasser ist. Aber zum Baden ist es mir noch zu kalt, also laufe ich weiter hinein in den vom Moor durchzogenen Wald. Dahinter, auf den angrenzenden Wiesen, müssten die Kraniche jetzt stehen und fressen. Es ist gar nicht weit bis dahin.

Wie komme ich bloß weiter? Früher führte der Pfad über eine flache Holzbrücke, deren Bohlen ich jetzt im Moor liegen sehe. Sie ist wohl irgendwann zusammengebrochen, als ich weg war.

Ich muss also über einen Baumstamm krabbeln. Langsam setze ich Hände und Füße immer weiter vor, stets darauf bedacht, nicht in das moorige, kalte Wasser zu stürzen.

Glücklich auf der anderen Seite angekommen, hangele ich mich an den Ästen über die Bulten, bis ich zu einer Wiese mit gelben Schwertlilien komme.

„Im Sumpf, so ganz allein? Das kann gefährlich sein. Dieses Jahr ist ganz schön trocken, dennoch holst du dir nasse Socken", blökt ein Reh, um sogleich leichtfüßig davonzuspringen.

Natürlich versuche ich, den gleichen Weg wie das Reh zu nehmen. Und dann ist es auch schon passiert. Ich springe von einer Segge zur anderen, als ich plötzlich abrutsche und mein Fuß im Wasser landet. Socke und Schuh sind durchnässt. Aber egal.

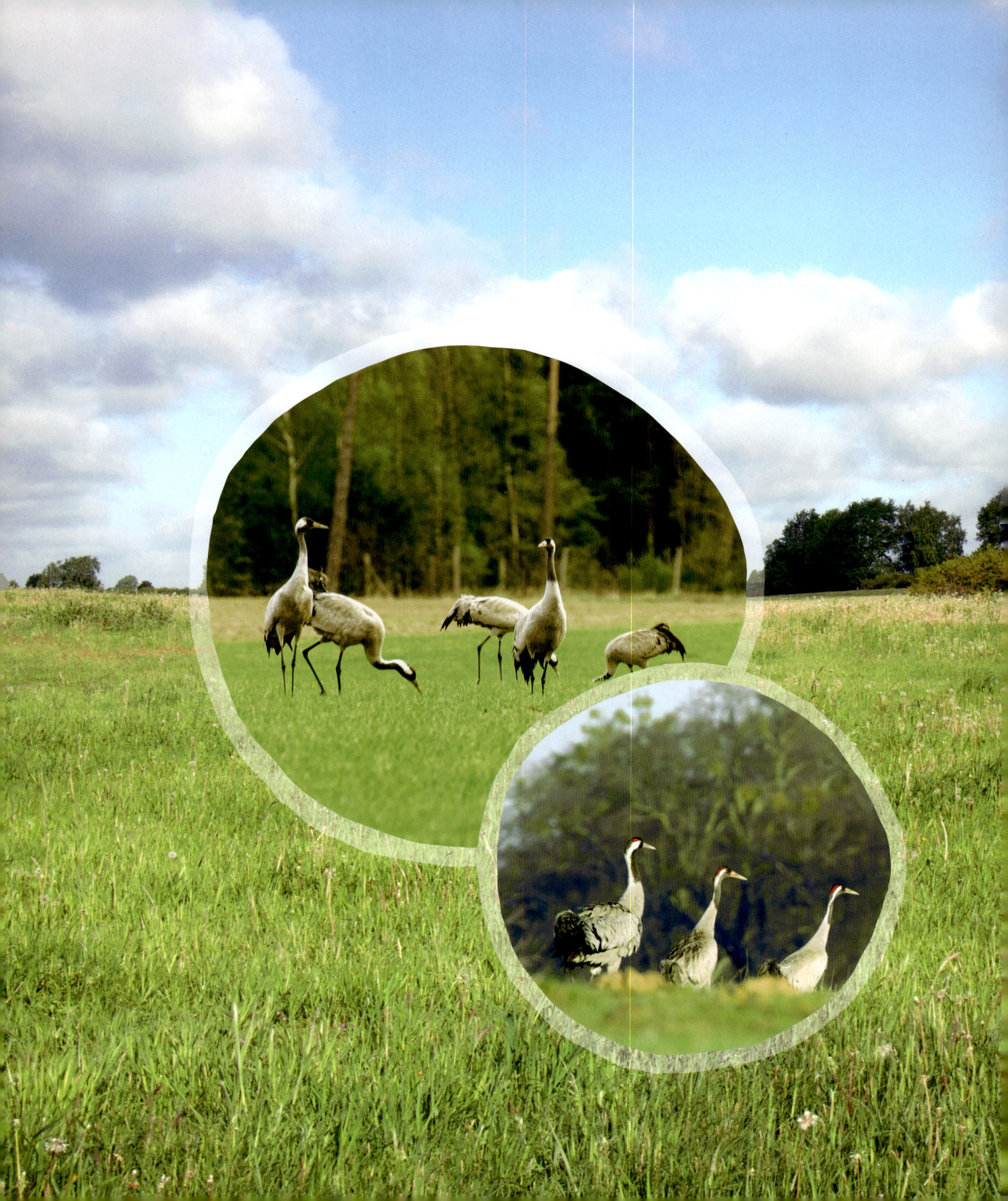

Zum Glück habe ich bald wieder festen Boden unter den Füßen und erreiche unbeschadet die Wiese, auf der ich die Kraniche vermute. Im Schatten des Waldrandes bleibe ich stehen und rühre mich nicht. Einige fressen seelenruhig, drei schauen misstrauisch zu mir hinüber. Als ich mich schließlich hervorwage und versehentlich auf einen Zweig trete, fliegen sie auf. Ärgerlich über meine eigene Unvorsichtigkeit schaue ich ihnen nach.

Ob sie weit weg geflogen sind, überlege ich, während ich unschlüssig über die bunt blühende Wiese schlendere.
„Hab dich", sage ich, als ich einen Grashüpfer entdecke und mich inmitten der Margeriten auf ihn stürze. Leider ist er schneller, im Gegensatz zu dem am Stängel krabbelnden Feuerkäfer.

Durch die weißen Blütenblätter blinzele ich in den Himmel und schaue dem sich auflösenden Kondensstreifen eines Flugzeuges nach. Fliegen müsste man können, träume ich vor mich hin
„Sei nicht dumm,
sitz nicht rum."

Ein Storch, der durch das Blütenmeer angestakst kommt, klappert mich an.

„Geh' schnell ins Moor,
renn' bis zum Tor.
Frag' den Kranich,
er fürchtet sich!"

Mit diesen erschreckenden Worten fliegt er davon. Ich kenne nur ein Tor im Wald, das ist der alte Mauerrest eines früheren Schlosses. So weit ist es nicht entfernt – und dort ist auch ein Storchennest obendrauf. Da muss ich unbedingt nachschauen gehen!

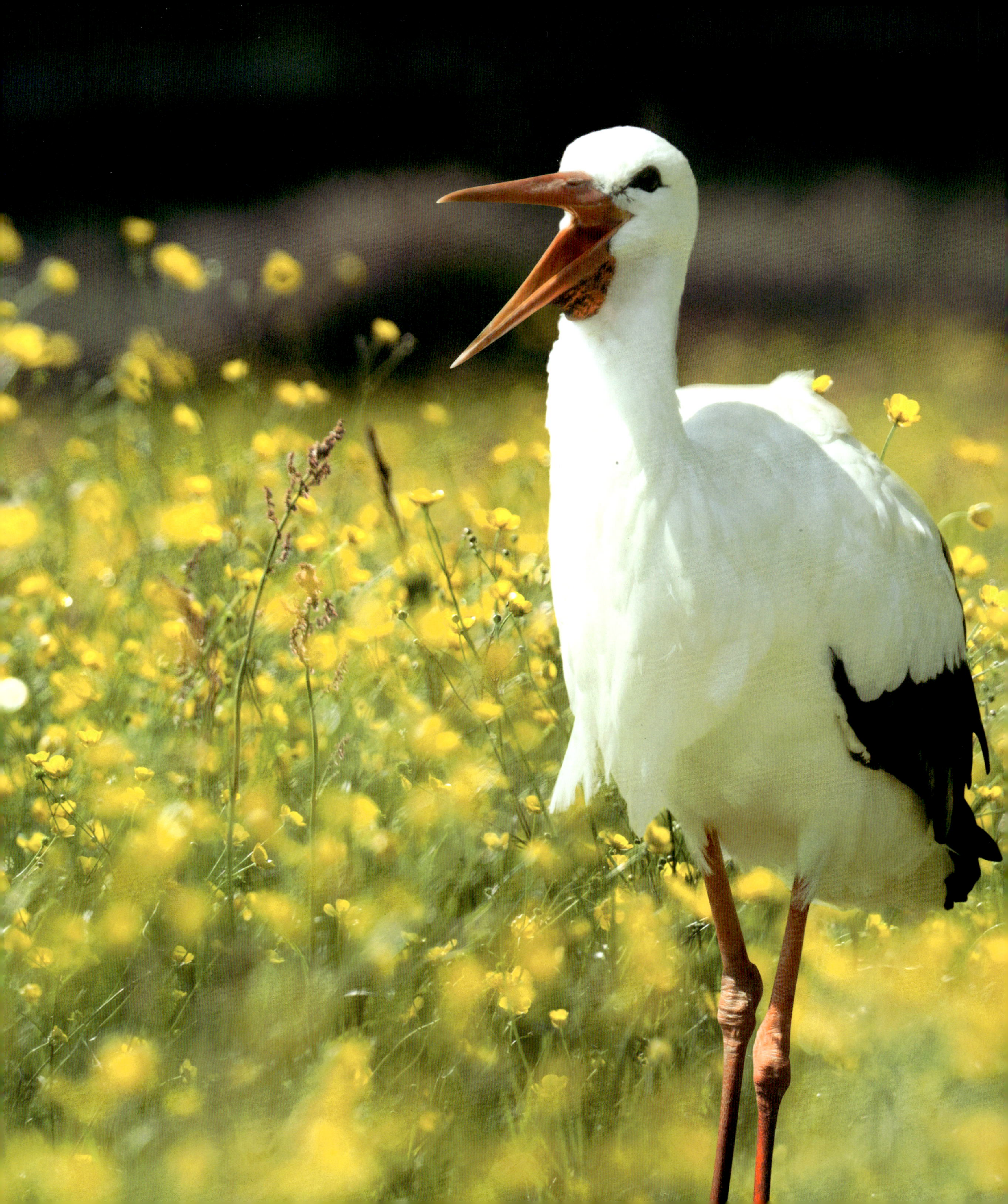

„Der Storch schickt mich, er sagt, es bestünde Gefahr für den Kranich. Wisst ihr mehr?", frage ich eine Schwanenfamilie, die am Uferrand steht. Der Schwanenmann reckt seinen Hals, faucht mich an und die Familie gleitet eins, zwei, drei ins Wasser. Was für ein unfreundliches Benehmen! Ach, was wissen diese Schwäne schon von der Welt. Die ziehen nie weg.

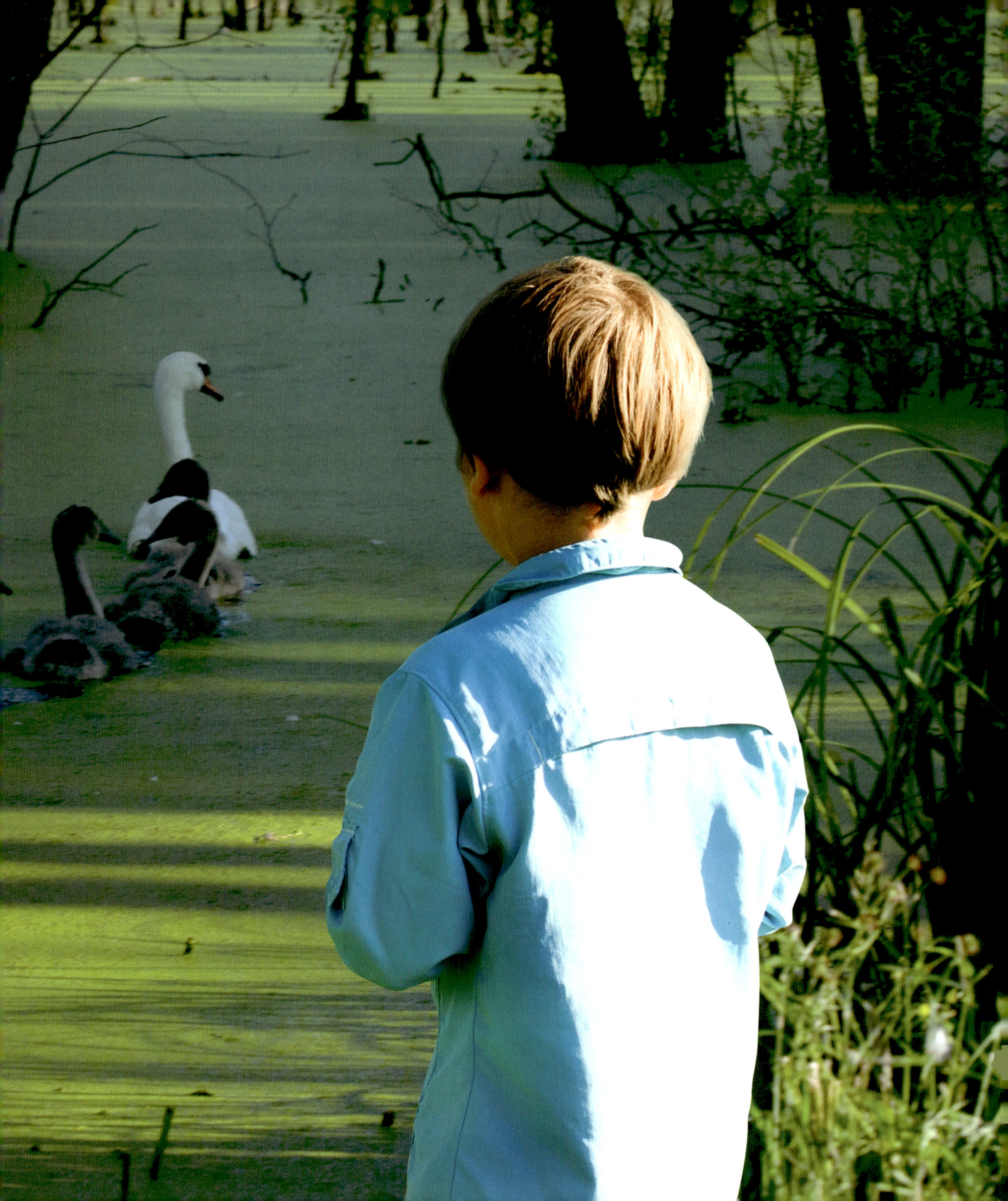

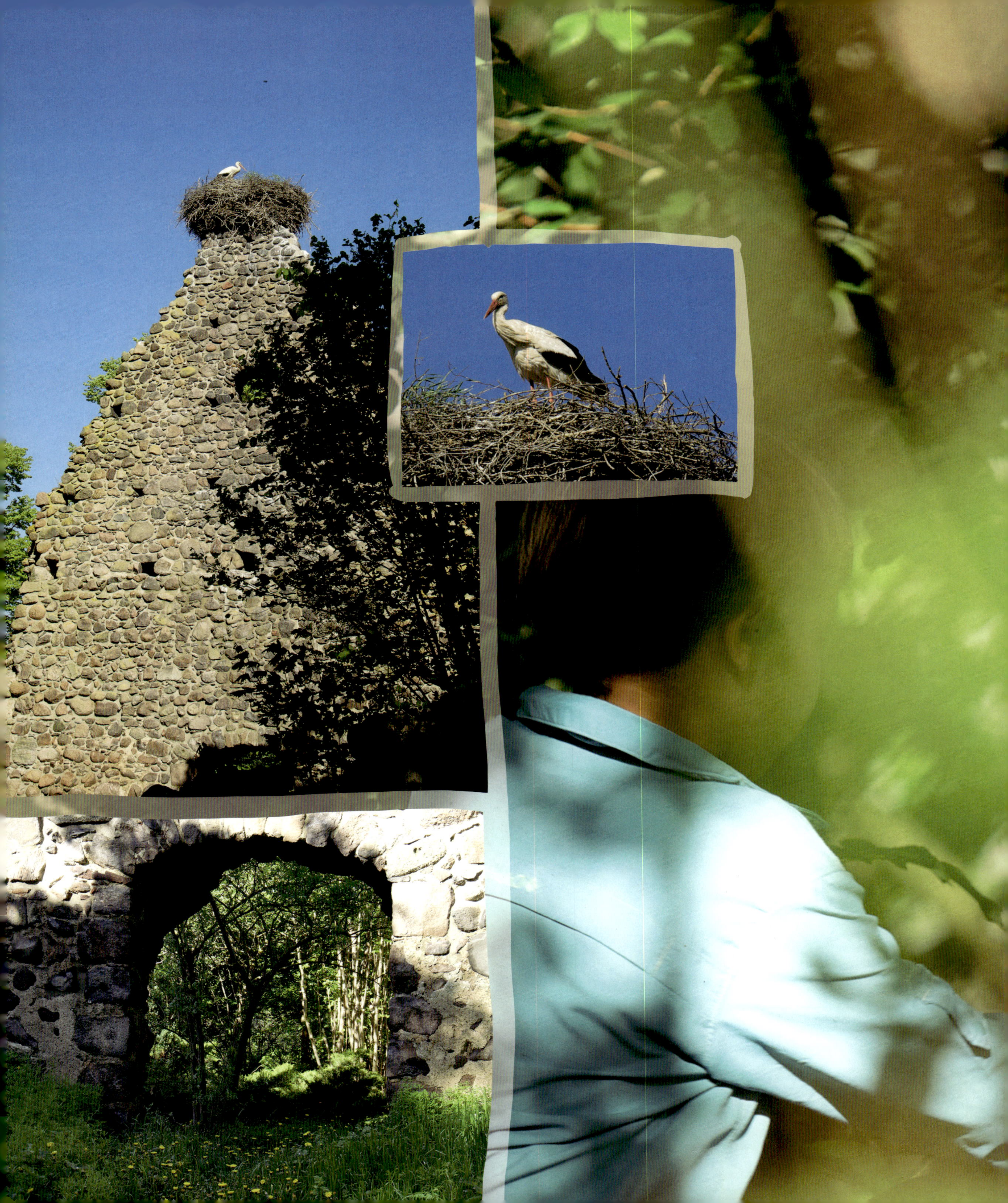

Endlich finde ich den Storch und winke ihm zu.
Dann spähe ich ins Moor und staune, als ich ein
Nest mit einem kleinen gelben Küken und einem
weiteren Ei sehe. Ich wusste gar nicht, dass Kranich-
küken gelb sind.

„Du bist bestimmt der Yann,
der so gut helfen kann", piepst das Kranichjunge.
„Ja, aber wo sind deine Eltern?", frage ich.
„Sie suchen Larven und fette Würmer für mich,
die schmecken so schmatzig und leckerlich.
Bis zur Rückkehr dauert's nicht mehr lange,
bitte warte mit mir, ich werd' sonst bange."
„Klar warte ich, ich habe doch Zeit",
versichere ich dem Küken.

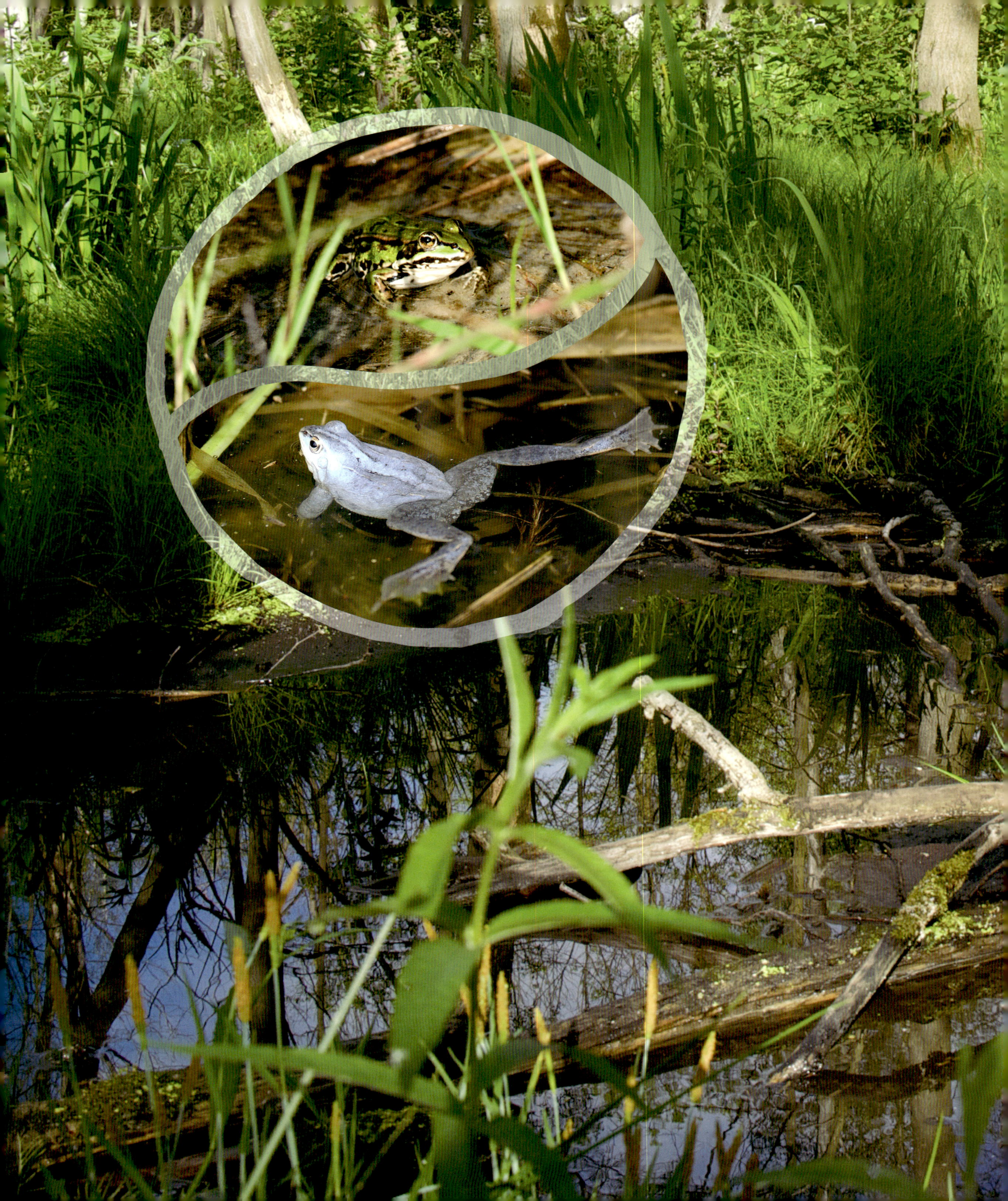

Als mir langweilig wird, spiele ich Froschspringen: Ich laufe am Ufersaum entlang und alle Frösche springen vor Schreck schnell ins Wasser. Wer kommt wohl am weitesten?

Doch dann sehe ich einen Frosch faul im Wasser liegen.

„Ein Quak und noch ein Quak,
ja, das ist wirklich quak.
Quak, quak, quak,
ist alles, was ich hab."
So quakt es mir aus dem braunen Wasser fröhlich entgegen. Langsam beuge ich mich zu dem Frosch hinunter. Oh, der ist blau! Gerade als ich ihn packen will, hüpft er mit einem weiten Satz fort.
„Hey, Blaufrosch, warte", rufe ich ihm hinterher, aber er denkt gar nicht daran.

„Yann hüpft jetzt ins Wasser,
die Socken werden nasser",
quakt er unverdrossen, um dann schnell weiterzuhüpfen. Leider hat er recht, ich lande im Wasser. Aber egal, dieser Frosch will mich ärgern. Den fange ich mir!
„Ein Moorfrosch bin ich, hüpf herum,
leb' im Wasser, dideldum",
singt er hämisch, macht einen weiten Satz ins Schilf – und weg ist er.

Blöder Frosch, da sind mir Schnecken lieber, die hüpfen wenigstens nicht weg, sondern bleiben genau dort liegen, wo ich sie hinlege. „Da lang, nein, da lang", dirigiere ich einen Käfer, der immer wieder versucht, von der Käferstraße, die ich ihm gebaut habe, abzubiegen. Zu guter Letzt versteckt er sich tief im Moos. Wann die Kranicheltern wohl wiederkommen?

Ich könnte den hohlen, abgebrochenen Baumstamm hochklettern und Ausschau halten. Also kralle ich mich an dem Stamm fest und klettere, die großen Baumpilze als Stütze nutzend, den Stamm hoch. An einem Loch kann ich mich gut festhalten und in alle Richtungen schauen. Aber es ist nichts zu sehen, selbst in dem Loch ist nichts als Staub. Neugierig, ob sich unter der Staubschicht etwas verbirgt, schaufele ich ihn gerade heraus, als der Kranich angeflogen kommt.

Der Kranich stupst sein Junges an und wendet das andere Ei. Das Kleine ruft aufgeregt:
„Da ist der Yann,
er sagt, dass er uns helfen kann."

Der Kranich reckt aufmerksam seinen Hals, als auch schon der Storch oben in seinem Nest klappert und er sich daraufhin entspannt auf das Ei setzt.
„Der Storch schickt mich, du brauchst wohl Hilfe", rufe ich ihm zu.
„Wir brauchen's nasser,
richtig viel Wasser."

„Oh ja, das sehe ich", sage ich zum Kranich. „Sicher fürchtest du, dass ein Räuber dein Nest plündern kann, weil es nicht mehr vom Wasser umgeben ist, während du auf Futtersuche bist. Aber keine Angst, ich helfe dir. Irgendwie werde ich das hier anstauen."

„Hauptsache, es wird nasser,
mit viel, viel Wasser",
antwortet der Kranich.

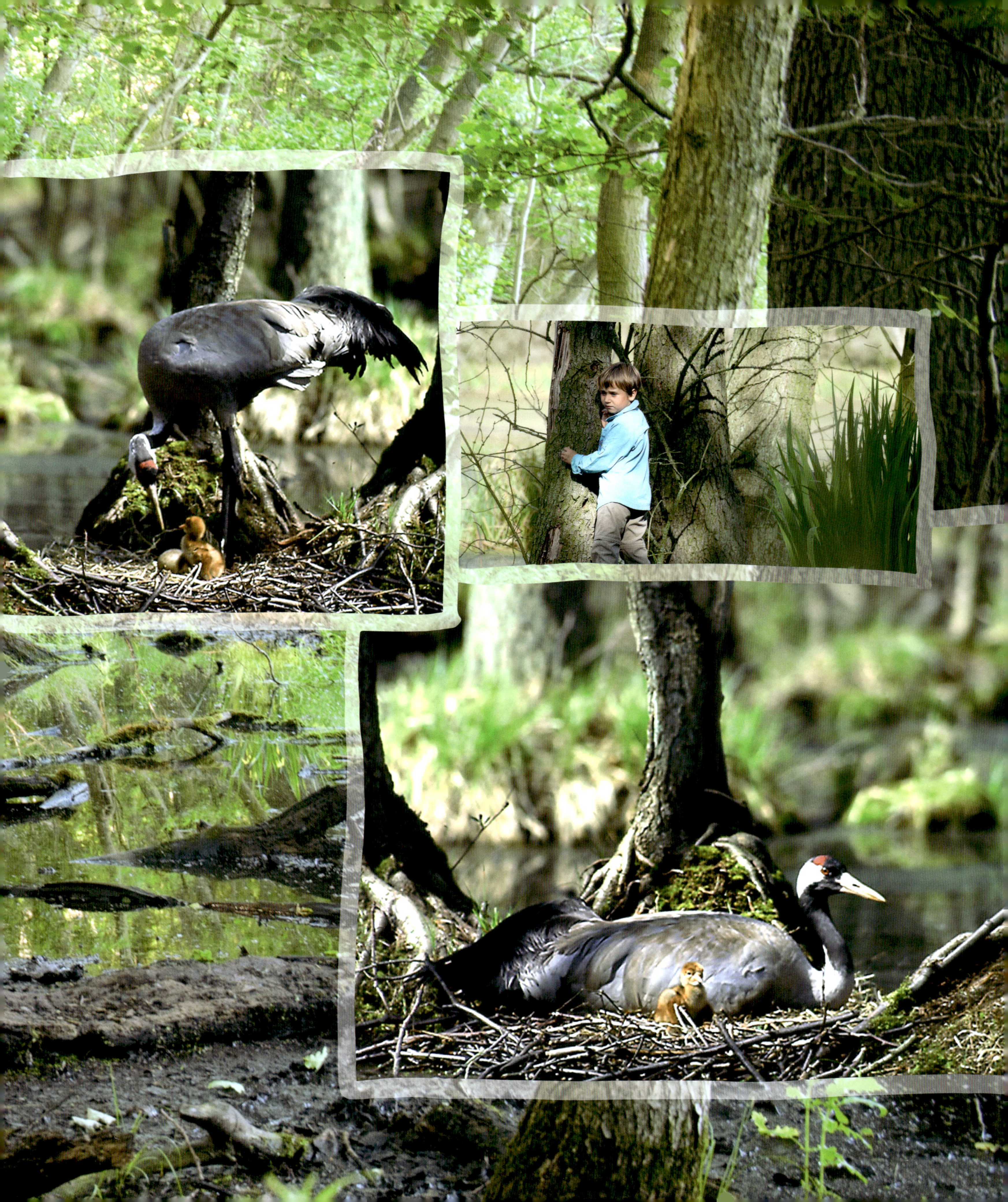

Emsig suche ich nach der Stelle, an der das Moorwasser abfließt, da die einzelnen Kleinmoore meistens miteinander durch Gräben verbunden sind. Ich muss also nur den „Abfluss" verstopfen, dann fließt das Wasser nicht mehr ab, das Nest steht wieder im Wasser und der Kranich ist sicher. Ja, so muss ich das machen!

Bald finde ich den abgehenden Graben, der viel Wasser führt. Hier muss ich arbeiten. Doch allein schaffe ich das nie, der Graben ist zu breit, erkenne ich traurig. Mutlos schaue ich mich um und entdecke etwas weiter frisch gefällte Bäume. Sofort weiß ich, wer mir helfen kann: Freund Biber.

Schnell laufe ich zur Biberburg. Während ich geduldig auf einem dünnen Busch im Schilf auf den Biber warte, betrachte ich das Wasserparadies, das er im Laufe der Jahre für sich und viele Tiere hier mit seinen Bauwerken geschaffen hat.
Ein kleiner Eisvogel kommt geflogen, setzt sich auf einen kräftigen Schilfhalm und schaut mich neugierig an. Ein Zwergtaucher in seinem Nest fragt mich:
„Was machst du hier im Schilfe?
Brauchst du etwa Hilfe?"
Ich nicke. „Ich suche meinen Freund Biber.
Weißt du, wo er ist?"

An seiner statt antwortet der Eisvogel:
„Geh mal lieber an den Bach,
da wohnt er unterm Ästedach.
Ich fliege sowieso dorthin
und warn' ihn vor. Das hat Sinn."

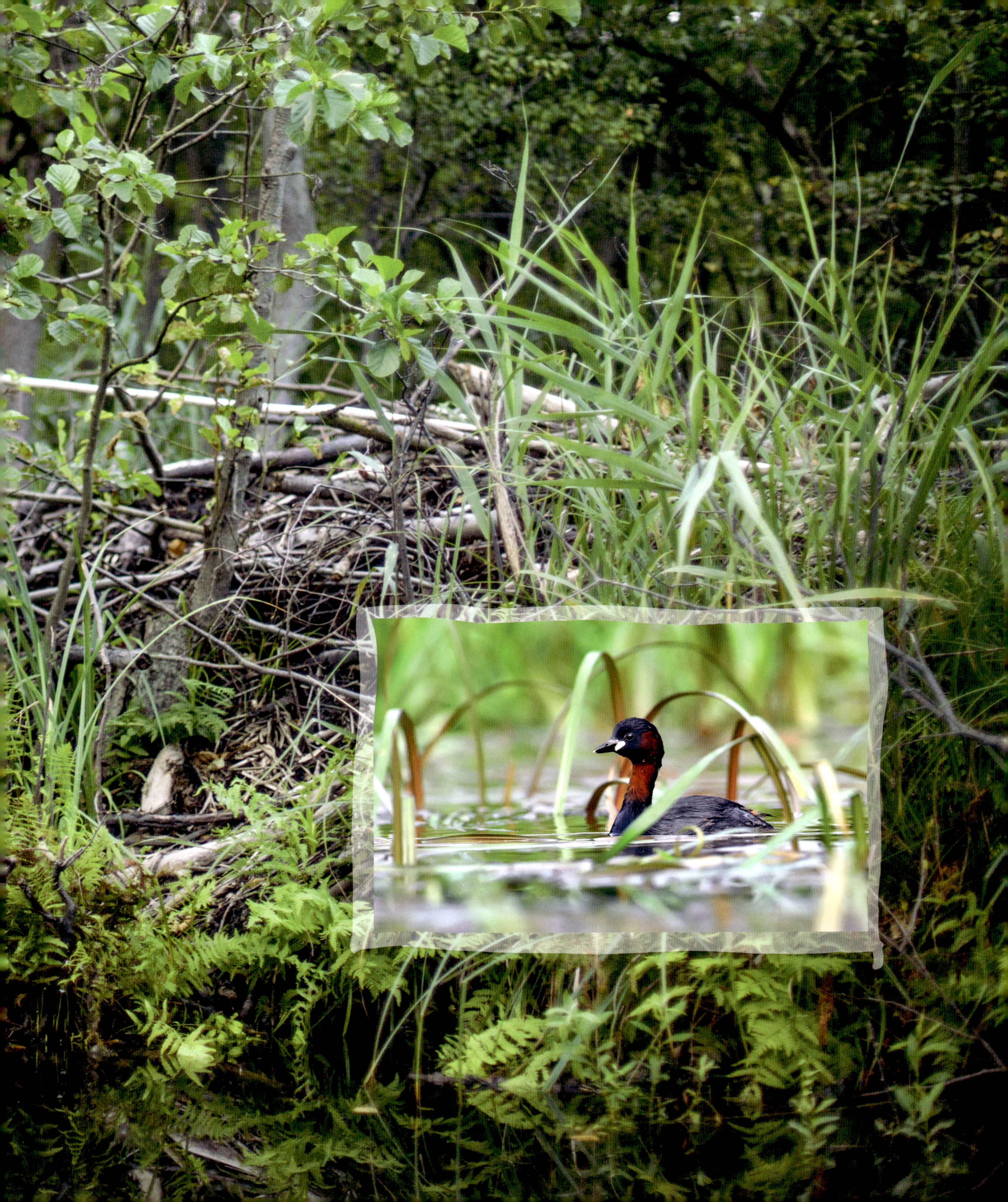

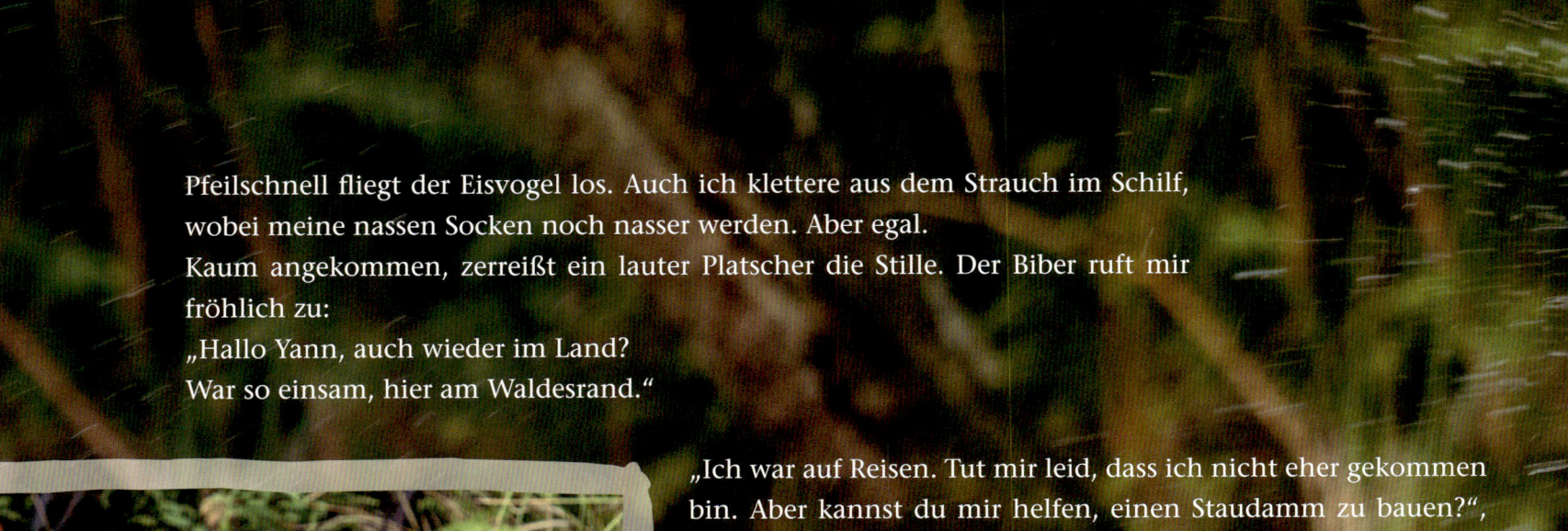

Pfeilschnell fliegt der Eisvogel los. Auch ich klettere aus dem Strauch im Schilf, wobei meine nassen Socken noch nasser werden. Aber egal.
Kaum angekommen, zerreißt ein lauter Platscher die Stille. Der Biber ruft mir fröhlich zu:
„Hallo Yann, auch wieder im Land?
War so einsam, hier am Waldesrand."

„Ich war auf Reisen. Tut mir leid, dass ich nicht eher gekommen bin. Aber kannst du mir helfen, einen Staudamm zu bauen?", frage ich den Biber.
„Große Staudämme, große Baumstämme",
antwortet der Biber grinsend und wackelt mit den Krallen seiner Vorderpfoten.
„Super, ich wusste doch, dass ich auf dich zählen kann. Wir müssen zu dem Moor am alten Tor. Es hat zu wenig Wasser und das Kranichnest ist trocken gefallen."
„Ich helfe gern, du musst nichts sagen.
Wir treffen uns gleich am großen Graben."
Mit diesen Worten taucht der Biber ab.

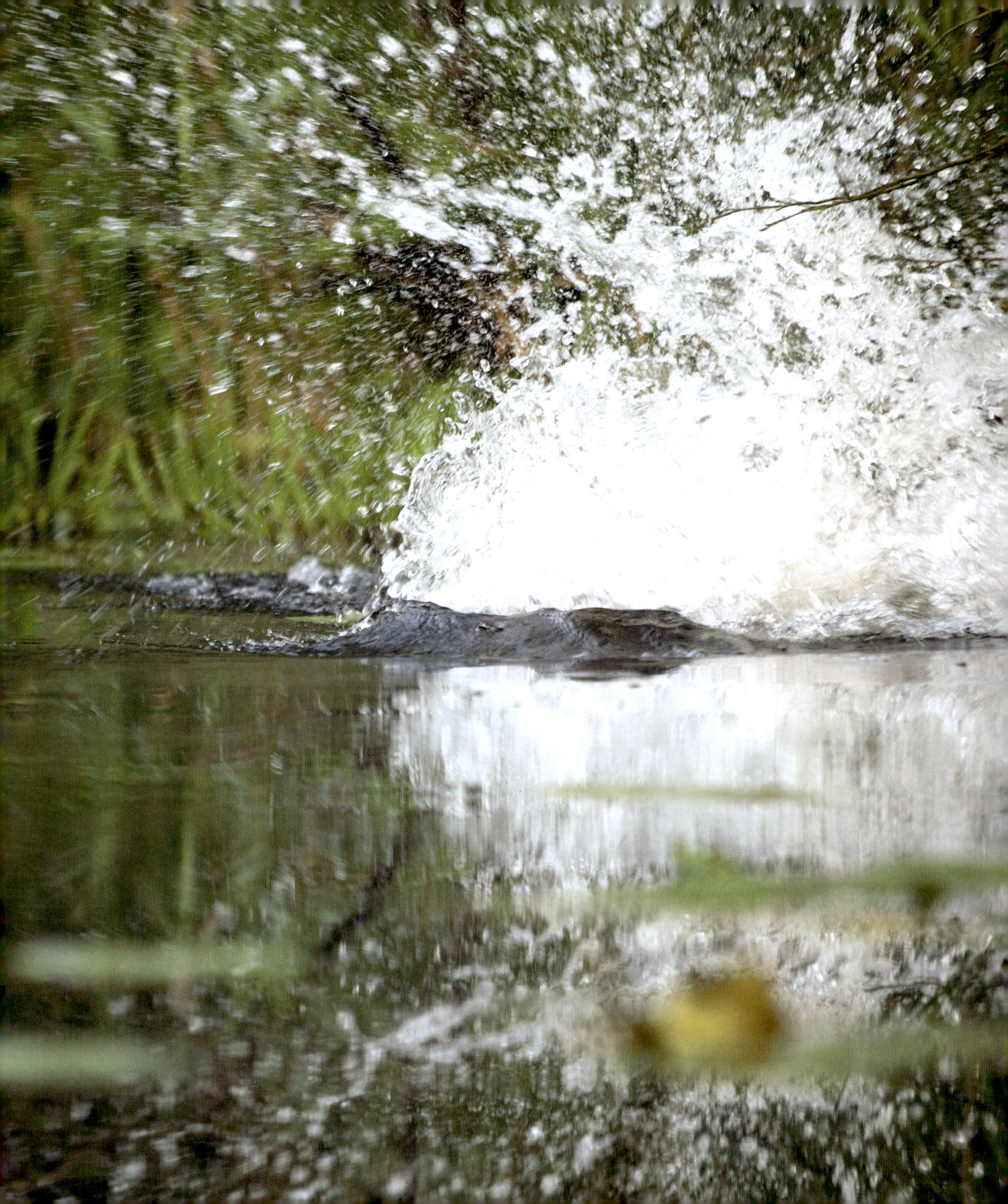

Erleichtert laufe ich zurück und freue mich auf die versprochene Hilfe.
Als ich ankomme, fällt gerade ein Baum krachend zu Boden.
„Yann, wir brauchen kleine Zweige,
solche, wie ich sie dir hier zeige."
„Sollen wir nicht einfach den Stamm quer
über den Graben legen?"
„Nein, die kleinen Äste haben mehr Kraft,
dann ist der Damm schneller geschafft."
„Na, dann nage du die Zweige ab, ich bin
schneller im Sammeln."

Der Biber nickt.
Wir arbeiten, bis er sagt:
„Sammle du jetzt Steine.
Weißt du, was ich meine?"
„Klar weiß ich das, aber wofür brauchst du die?",
frage ich, schon etwas erschöpft.

„Erst die Steine am Grund
machen die Sache rund.
Sie halten alles fest.
Wir bauen den Rest
aus Stöcken und Lehm.
Du wirst schon sehn."
„Das ist schlau", rufe ich überrascht.
„Ich wusste gar nicht, dass du sogar mit
Steinen baust. Du bist ein echter Baumeister!"

Aber er hört mich nicht mehr, so emsig taucht er unter und auf und baut und macht und tut. Währenddessen suche ich Steine und lasse sie vorsichtig zu ihm ins Wasser rollen.
„Die Löcher sind sehr groß,
wir brauchen auch noch Moos."
„Ist Laub und Gras auch gut?", frage ich den Baumeister.
„Stopf nur alles rein,
sei's auch noch so klein."
Der Biber kommt mit großen Batzen Moos angeschwommen und verstopft den Damm unter Wasser.
„Ach Biber, allein würde ich das nie schaffen, ich kann ja nicht so lange tauchen."
„Wir arbeiten hier Hand in Hand,
du mit Kraft, ich mit Verstand", antwortet er lachend.
Mein „Das ist gemein" hört er nicht mehr, da er schon wieder untergetaucht ist.
„Du, Freund Biber, ich muss jetzt nach Hause. Kannst du allein weiterbauen?", frage ich ihn, als das Wasser nur noch an ein paar kleinen Stellen durchsickert.
„Klar. Ich bau so gern,
ich fresse auch gern,
Birken schmecken lecker.
Das ist hier kein Geklecker,
der Damm ist spätestens dicht
im frühen Morgenlicht."
„Super", verabschiede ich mich in der Gewissheit,
dass er die Arbeit erledigen wird.

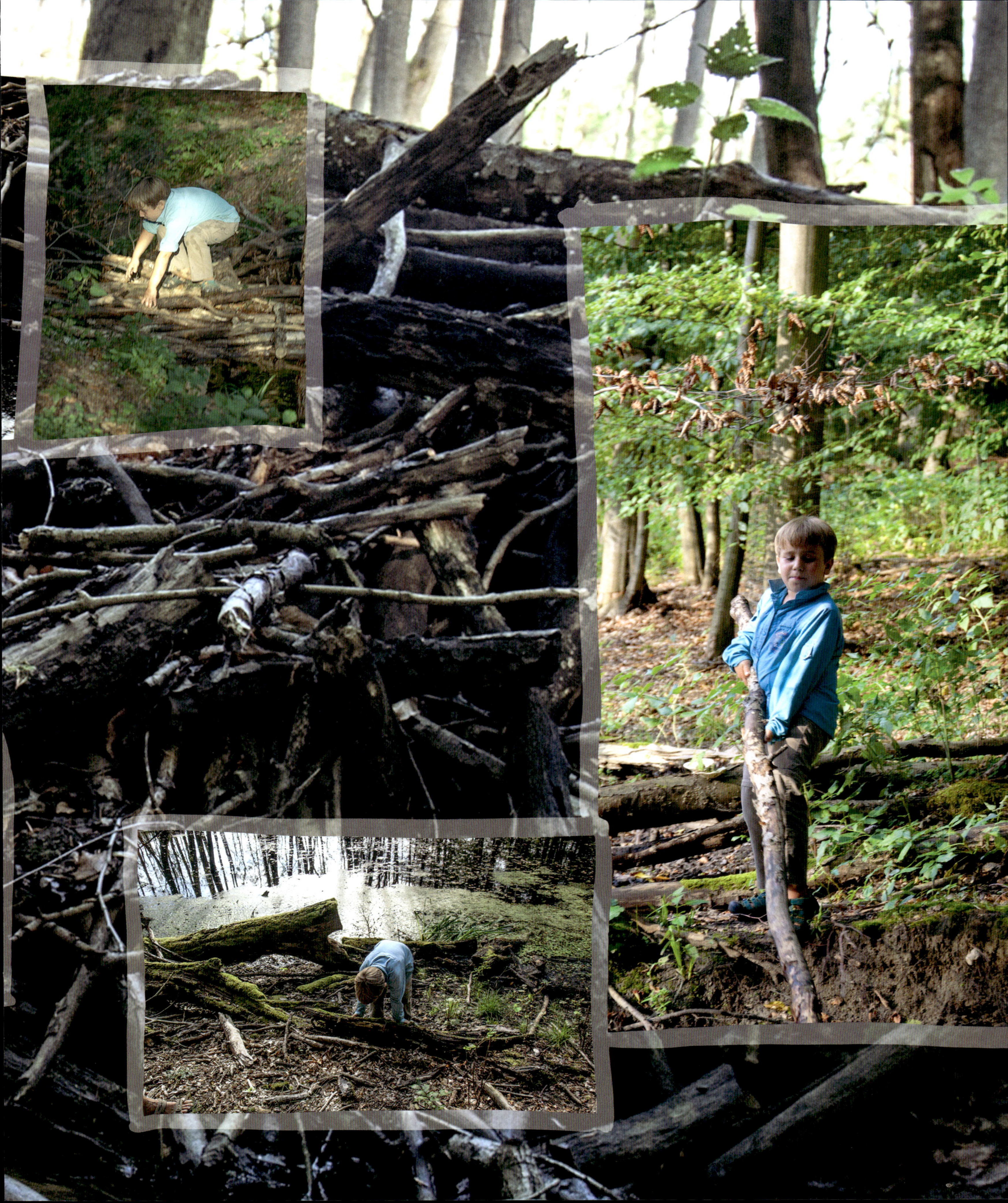

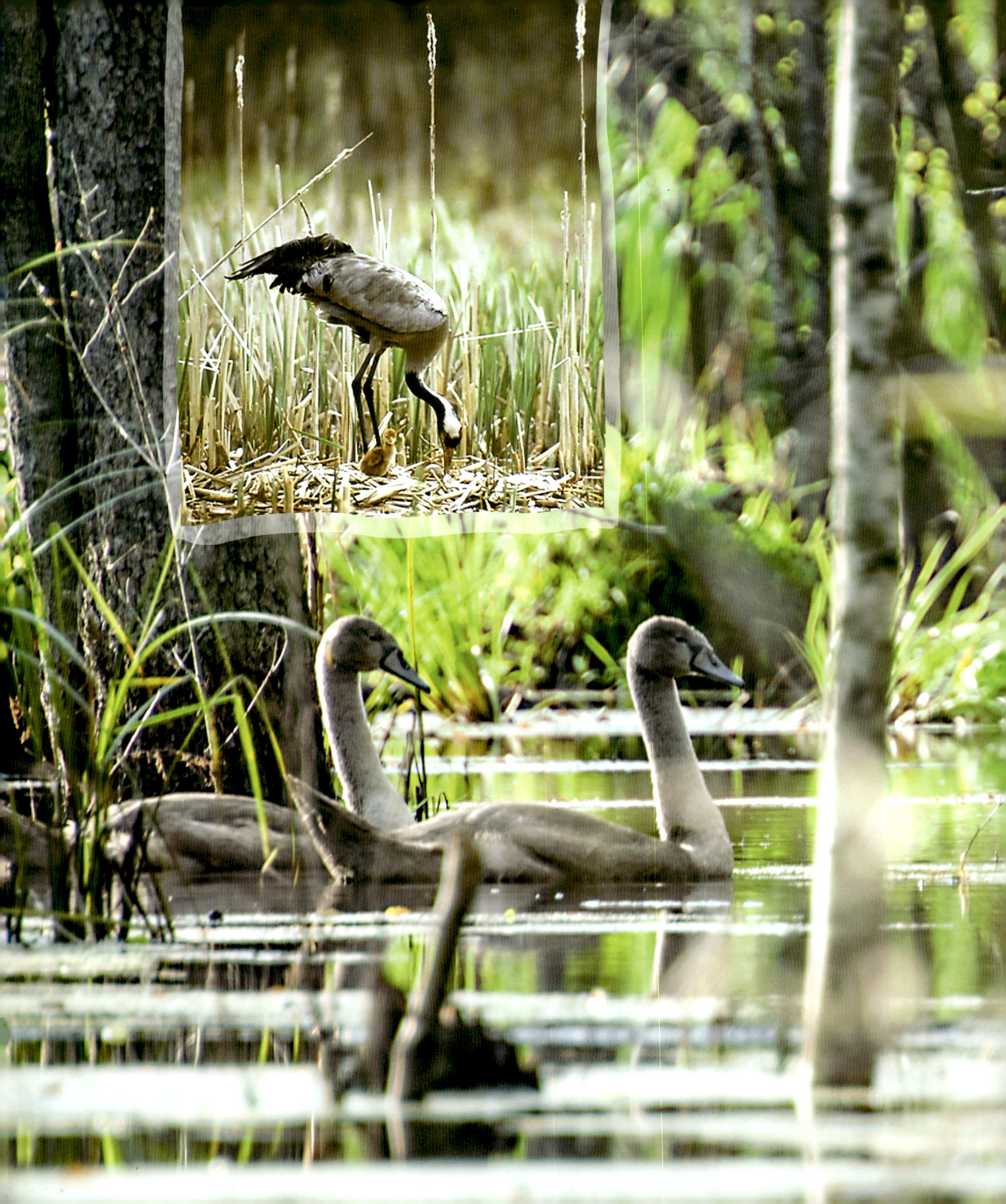

Als ich wiederkomme, ist der Biber nicht mehr da, aber das Kranichnest ist wieder von Wasser umgeben. Zu meiner Freude flüchtet der Kranich mit seinen Jungen nicht, sondern bleibt im Nest. Er legt seinen Kopf schräg, reckt ihn in die Höhe und ruft laut:

„Jetzt ist es wieder nasser,
mit richtig schön viel Wasser."
„Im Herbst fliegen wir in die weite Welt, wir sehen uns noch, wenn's dir gefällt", piepst mir das Junge zu.
„Bestimmt sehen wir uns, ich werde immer nach euch schauen und aufpassen", verspreche ich.

Während ich ein paar undichte Stellen am Damm abdichte, zuckelt ein Wildschwein vorbei, bleibt stehen, schaut, was ich mache, und grunzt:
„Ich weiß noch andere Stellen zum Stauen, du kannst hier viele Dämme bauen."
Und trottet im Zickzack weiter.

„Wie der Wald wohl ohne die Gräben aussähe?", überlege ich beim Stopfen.

Wie versprochen schaue ich immer wieder nach meiner Kranichfamilie. Bald schon stehen die Jungen mit ihren Eltern auf der Wiese. Dem vorbeikommenden Fuchs schleiche ich vorsichtshalber hinterher und folge ihm bis zu seinem Bau im Wald. Bei hungrigen Füchsen weiß man schließlich nie …

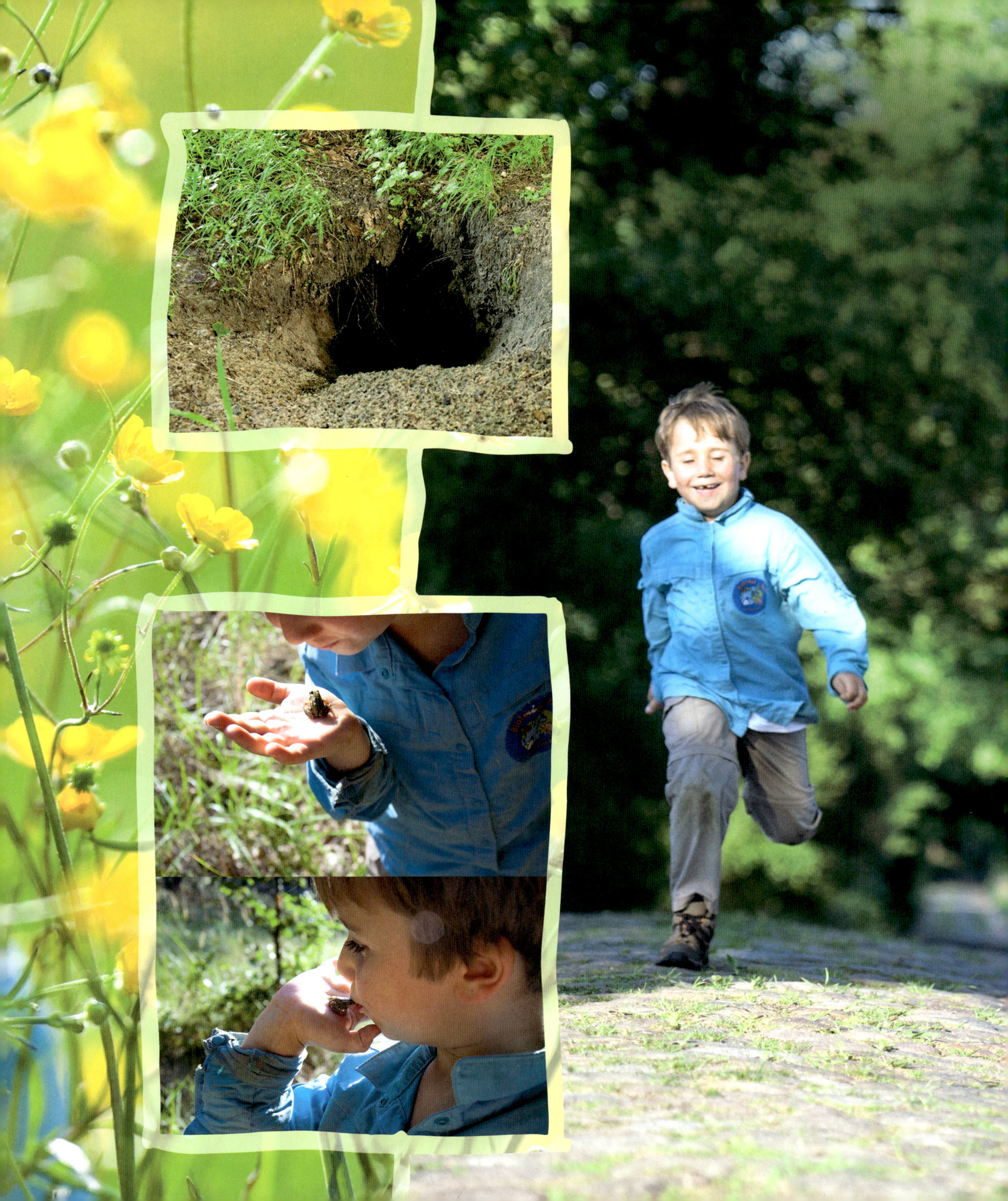

„Ich bin gar nicht nass geworden!", rufe ich lachend Freund Biber zu, als er mich bei einem meiner Besuche mit seiner Kelle nass spritzen möchte.

„Noch nicht", antwortet er vielsagend, taucht unter und erschreckt mich Minuten später mit einem riesen Kellenklatscher, sodass ich von Kopf bis Fuß pitschenass bin. Aber die Sonne trocknet mich schnell, als wir zu unserem Staudamm rennen, um ihn wieder einmal zu flicken. Ich stopfe oben dicke Grasbüschel mit Wurzeln hinein und der Biber macht dasselbe unter Wasser.

Während ich an unserem Bauwerk arbeite, lugt eine Ringelnatter zwischen den trockenen Blättern des Vorjahres hervor und sagt wehmütig:
„Bald ist der Sommer aus,
dann bleibst du zu Haus.
Deine Schule fängt an.
Sehen wir dich dann?"

„Ach, mach dir mal keine Sorgen, ich finde immer Zeit", tröste ich sie. Daraufhin zischelt sie kurz und schlängelt sich davon.

Einmal finde ich abends vor der Tür einen Igel, der sich, als ich ihn anstupse, zu einem Ball zusammenrollt. „Hier bist du sicherer, lieber Igel", sage ich zu ihm, während ich ihn behutsam mit Handschuhen ins Gebüsch trage.

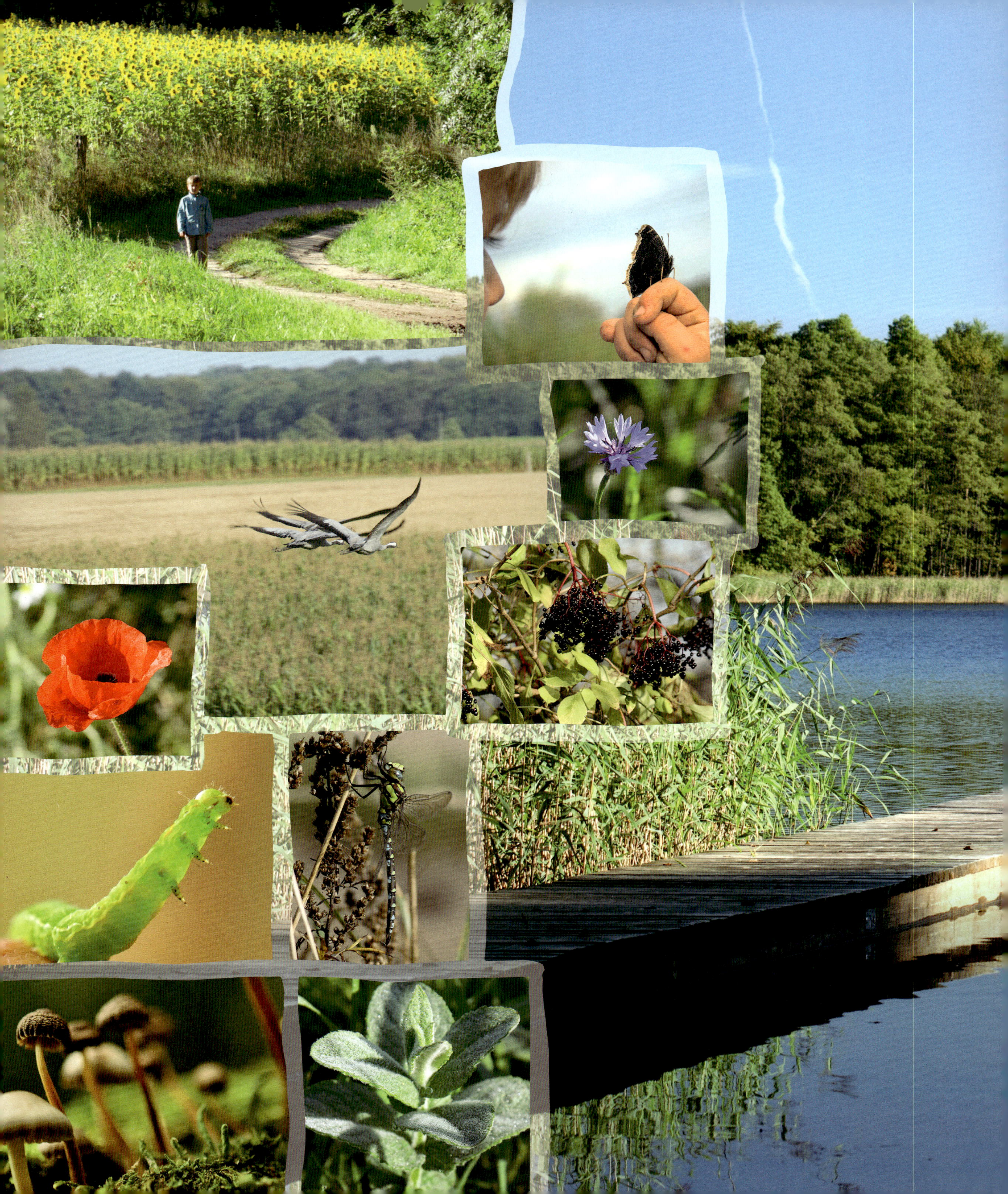

Endlich komme ich in die Schule. Auf meiner Zuckertüte sind Delfine und ein großer Clownsfisch abgebildet, genau wie der, den ich in Australien gesehen habe.
Zum Glück bleibt mir genug Zeit zum Stromern. Mal spiele ich mit einer Raupe oder fange Heupferdchen, mal sammle ich ganz viel Pfefferminze und wir kochen Sirup daraus. Ich ernte Trauben, und als die Pflaumen reif werden, sitze ich im Baum und esse, bis ich Bauchweh bekomme.
Morgens steigt der Nebel aus den Wiesen und laut tönen die Rufe der Kraniche, die anfangen, sich für ihre weite Reise in den Süden zu sammeln. Hinter unserem Haus stehen sie auf dem abgeernteten Maisfeld und fressen sich dick. Leider fliegen sie immer auf, wenn ich komme, auch wenn ich noch so leise schleiche. Aber ich bin nicht traurig, denn ich erkenne den kleinen Kranich immer. Jedes Mal höre ich „Hallo Yann, mein Freund!" oder etwas anderes Nettes aus ihrem Abfluggeschrei heraus. Dann wird mir ganz anders vor Freude.
Am liebsten sitze ich auf dem Steg und beobachte die Kraniche bei ihrem Flug zu ihren Schlafplätzen.

Es riecht nach Winter, die Luft ist klar und mild, das Buchenlaub leuchtet golden in der Abendsonne. Ich spiele auf meinem Lieblingssteg, als der Biber seinen Kopf aus dem Wasser streckt und sagt:

„Jetzt zieh'n sie wieder in die weite Welt,
so wie es ihnen am besten gefällt.
Du und ich, wir bleiben hier,
bin schließlich auch kein Reisetier."

Und schwupps taucht er wieder unter.

Ach, ich weiß nicht, das Reisen war aufregend und toll, aber hier zu Hause bin ich auch gern und Abenteuer kann ich schließlich überall erleben. Ich schaue in den Himmel, als die Kraniche laut rufend über mich hinwegziehen. Ganz deutlich höre ich meinen Freund aus der Menge heraus.
„Nächstes Jahr in Brandenburg, Yann.
Macht's gut, und danke für den Damm!"

Und warum sind meine Socken
schon wieder nass?

Die Uckermark in Brandenburg

Yann ist ein Jahr lang an verschiedene Orte der Welt gereist. Daraus entstanden zwölf Geschichten. Die von ihm besuchten Landschaften sowie die dort lebenden Tiere und Menschen sind durch die Folgen des Klimawandels und die bedenkenlose Ausbeutung natürlicher Ressourcen in ihrer Existenz bedroht.
Viele der Orte gehören zu den von der UNESCO als Weltnaturerbe ausgezeichneten Stätten.

Das zwölfte Abenteuer spielt in der Uckermark in Brandenburg, wo die Eiszeit eine wunderbare Landschaft mit Hunderten Seen und Tausenden Mooren hinterlassen hat.

Geografie

Die Uckermark ist eine historische Landschaft, die etwa siebzig Kilometer nordöstlich von Berlin beginnt. Sie erstreckt sich über den brandenburgischen Landkreis Uckermark und zu einem kleinen Teil auch über den Landkreis Oberhavel sowie angrenzende Teile Mecklenburg-Vorpommerns. Der Name existiert seit dem Spätmittelalter und bezieht sich auf einen slawischen Stamm, die Ukranen, der hier vom 6. bis zum 12. Jahrhundert gesiedelt hat. Mit 3.058 Quadratkilometern zählt der brandenburgische Landkreis Uckermark zu den flächenmäßig größten Landkreisen Deutschlands. Für europäische Verhältnisse ist er mit 38 Einwohnern pro Quadratkilometer extrem dünn besiedelt.

Die Landschaft ist geprägt durch die letzte Eiszeit, weshalb sie auch als Jungmoränenlandschaft bezeichnet wird. Ein über 2.500 Meter dickes Eisschild schob sich von Skandinavien nach Süden vor und transportierte dabei viel Material wie Steine und Erdreich mit sich.

Vor etwa 12.000 Jahren begann sich das Eis zurückzuziehen und hinterließ eine einzigartige und vielfältige Landschaft. Flächen, die vom Eis bedeckt waren, werden je nach Ausprägung als ebene beziehungsweise kuppige Grundmoräne bezeichnet. Sie sind in der Regel durch nährstoffreiche Böden gekennzeichnet und werden heute hauptsächlich landwirtschaftlich genutzt. Die Eisrandlage, die so genannte Endmoräne, ist geprägt durch die Geröllmassen, die das Eis vor sich hergeschoben hat. Zusätzlich fungierte das Eis durch seine Vorwärtsbewegung wie ein Förderband, das immer neues Material vor dem Eisrand abkippte. Mit der Zeit entstand so ein echter Wall, der Endmoränenwall. Charakteristisch sind die vielen Steine, die sich darin befinden und später als allgegenwärtiges Baumaterial dienten. Die Pflasterstraßen aus bearbeiteten Feldsteinen und die Feldsteinkirchen sind geradezu ein Markenzeichen der Uckermark.

Sande, die aus dem vom Eis mitgeführten Material ausgewaschen wurden, bildeten vor dem Eis große Sandflächen, auch Sander genannt. Später lagerte der Wind diese offenen Sandflächen um und türmte zum Teil heute noch erkennbare große Dünen auf.

Das Schmelzwasser der Gletscher bahnte sich seinen Weg in großen Urstromtälern. Die Mecklenburgisch-Brandenburgische Seenplatte, die sich bis in die Uckermark erstreckt, ist ebenfalls ein Produkt der Eiszeit. Ihr verdankt die Uckermark unzählige Moore sowie 590 Seen mit einer Flächengröße von mehr als einem Hektar.

Noch während der Eiszeit stießen Jäger bis an die Eisrandlagen vor. Nach dem Abschmelzen folgten bald die ersten Gruppen von Jägern und Sammlern. Viele Spuren, zum Beispiel Hügelgräber sowie diverse Bodenfunde, zeugen von einer regelmäßigen Besiedelung seit dieser Zeit.

Das Klima kann als subkontinental beschrieben werden. Der Niederschlag liegt im Mittel bei etwa 550 Millimeter pro Jahr. Die Sommer sind heiß und trocken, die Winter kalt und trocken.

Wirtschaftlich dominieren auf der Fläche die Land- und Forstwirtschaft sowie das angelagerte verarbeitende Gewerbe. Alljährlich zieht es viele Besucher in die Uckermark. Deshalb stellt der Tourismus einen wichtigen Wirtschaftszweig dar. Als ein neuer Schwerpunkt hat sich die Energiewirtschaft herauskristallisiert. Sie basiert auf den günstigen Bedingungen für die Nutzung regenerativer Energiequellen wie Biomasse, Wind und Sonne.

Flora

Die Standortvielfalt gebiert eine große Artenfülle an Pflanzen. In den Wäldern sind die vorherrschenden Baumarten die Kiefer auf den Sanderflächen sowie die Buche in den Endmoränenbereichen. Während die Buche hier an die östliche Grenze ihres natürlichen Verbreitungsgebietes stößt, kommt die Kiefer nur an wenigen Standorten natürlich vor. Im späten 19. Jahrhundert wurden viele landwirtschaftlich ausgelaugte Böden mit ihr aufgeforstet. Ohne menschliches Eingreifen würden hier zumeist Eichenwälder wachsen.

Weit über tausend höhere Pflanzenarten, wie Orchideen, Wildkräuter und Wiesenblumen, daneben zahlreiche Moose und Flechten, sind in der Uckermark bisher nachgewiesen worden. Aber es ist nicht nur die reine Anzahl der Arten, sondern auch die Häufigkeit, mit der diese Arten vorkommen, die für Deutschland und Europa einmalig ist.

Fauna

Die vielfältige Landschaft und die reichhaltige Pflanzenwelt bilden den Lebensraum für eine große Anzahl von Tierarten. Nirgendwo sonst in Deutschland ist die Chance so groß, einen der seltenen Fisch-, See- und Schreiadler, den Schwarzstorch oder den Kranich zu beobachten. Etwa Einzehntel des deutschen Bestandes dieser Großvogelarten brütet in der Uckermark. Der **Kranich** besitzt hier mit 700 Brutpaaren seinen absoluten Brutschwerpunkt in Deutschland. Ab Ende Februar kehren die Kraniche aus Spanien zurück in ihre Brutreviere. Dafür nutzen sie Moore, Verlandungszonen von Seen und Feuchtgebiete in der Feldlandschaft. Wichtig ist eine ausreichende Wasserversorgung ihrer Brutplätze, da ansonsten ihre Brut zu stark von Fressfeinden wie Wildschwein, Fuchs, Waschbär und Kolkraben bedroht ist.

Eine Verschärfung der Industrialisierung ergibt sich durch Fehlanreize des erneuerbaren Energiengesetzes. Die grundsätzlich begrüßenswerte Förderung der Nutzung erneuerbarer Energiequellen droht, sich durch eine ungenügende Beachtung der volkswirtschaftlichen, ökologischen und sozialen Zusammenhänge in ihr Gegenteil zu verkehren. Unter anderem trägt sie zu einer rasanten Steigerung der Bodenpreise bei.

Im Gegenzug werden nachhaltige Bewirtschaftungsformen nicht optimal gefördert und zunehmend durch diese Preissteigerung belastet.

Weitere Gefährdungen bestehen durch unsachgemäße Ausübung der Jagd und der Fischerei sowie der Zersiedelung und Zerschneidung von Landschaftsräumen.

Schutz

Die Uckermark ist der einzige Landkreis Deutschlands, der alle drei Großschutzgebietskategorien auf seinem Territorium vorweisen kann.

Im Osten begrenzt der Nationalpark Unteres Odertal die Uckermark. Mit dem Unteren Odertal wird eine der letzten naturnahen Flusslandschaften Deutschlands geschützt. Seine besondere Bedeutung besitzt er als Rastplatz für Zugvögel. Zeitweilig rasten hier bis zu 200.000 Vögel, vor allem Gänse, Kraniche und Enten.

Im Süden erstreckt sich das Biosphärenreservat Schorfheide-Chorin, eines der größten Schutzgebiete Deutschlands,

Die Uckermark hat den Bundeswettbewerb „Nachhaltige Tourismusregionen in Deutschland" 2012/2013 gewonnen. Viele kleine Initiativen sind entstanden, die darauf abzielen, regionale Kreisläufe wiederzubeleben.

Ausblick

Diese Ansätze sind vielversprechend und haben das Potenzial, die Uckermark langfristig zu einer ökologisch, ökonomisch und sozial nachhaltig wirtschaftenden Beispielregion zu entwickeln. Voraussetzung für einen anhaltenden Erfolg aller Maßnahmen zum Erhalt und zur Förderung ihrer Flora und Fauna ist es jedoch, die einheimische Bevölkerung, Touristen sowie Wirtschaftsunternehmen dafür zu sensibilisieren – zu verdeutlichen, welchen Wert ein natürliches Gleichgewicht im Ökosystem Uckermark für die Zukunft der Region hat.

Wenn dies gelingt, können sich auch unsere Kinder und Kindeskinder noch von den Rufen der Kraniche, den Baukünsten des Bibers und der Stille im Moor verzaubern lassen.

Mitte März werden üblicherweise zwei Eier gelegt. Die jungen Kraniche schlüpfen nach etwa einem Monat und verlassen als Nestflüchter mit ihren Eltern das Nest. Für zwei bis drei Wochen werden die Jungen in der Nähe des Nestes hauptsächlich mit Insekten gefüttert. Ab Mai suchen die Familien dann verstärkt Wiesen und Felder auf. Nach neun bis zehn Wochen lernen die Jungkraniche fliegen. Ab August schließen sie sich mit anderen Familien und nichtbrütenden Vögeln zu großen Schwärmen zusammen. Im Herbst kommen die Zugvögel aus Skandinavien dazu. Im Nationalpark Unteres Odertal sammeln sich alljährlich mehrere tausend Kraniche.

Die hohen Rufe der Jungkraniche in den Schwärmen führten zu der Legende, dass kleinere Singvögel auf dem Rücken der Kraniche mitreisten. Durch sein auffälliges Zugverhalten wurde der Kranich außerdem zum Symbol des immerwährenden Kreislaufs der Natur und hielt Einzug in Mythologie, Kunst, Kultur.

Neben den Großvögeln wurden in den letzten Jahren über 300 Vogelarten in der Uckermark nachgewiesen. Im Frühjahr und Sommer ertönt ein vielstimmiges Konzert von Lerchen, Nachtigall, Pirol und anderen.

Die Säugetiere sind ebenfalls artenreich vertreten. Rehe, Dammhirsche, Hasen, Rothirsche, Wildschweine und Füchse sind am häufigsten anzutreffen. Auch die Wölfe kehren langsam zurück.

Aufgrund der vielen, zumeist miteinander verbundenen Gewässer sind Fischotter und Biber heimisch. **Biber** sind mit etwa einem Meter Größe die größten Nagetiere Deutschlands und die zweitgrößten Nagetiere der Welt. Sie leben in Gewässern aller Art. An das Leben im Wasser sind sie mit ihrem Körperbau, ihren Schwimmhäuten zwischen den Hinterfüßen und einem pelzlosen, platten Schwanz, der Biberkelle, hervorragend angepasst. Ein dichter Pelz, der bis zu 24.000 Haare auf dem Quadratzentimeter Körperoberfläche aufweisen kann, sowie ein spezielles Fett, das Bibergeil, mit dem der Pelz immer wieder behandelt wird, schützen den Biber vor Kälte.

Biber sind dämmerungsaktive Tiere, die sich von pflanzlicher Kost ernähren. Um an Blätter, Äste und Baumrinde heranzukommen, können sie bis zu einem Meter dicke Bäume fällen. In einer Nacht können sie einen Baum mit einem Durchmesser von 50 Zentimetern durchnagen.

Biber wohnen in Burgen aus Ästen, Stämmen, Steinen und Erdreich. Der Eingang zu ihrer Behausung liegt etwa 60 Zentimeter unter Wasser, der Wohnraum selbst liegt aber oberhalb des Wasserspiegels. Um ein Trockenfallen des Eingangs zu verhindern, bauen Biber Staudämme, mit denen sie den Wasserstand regulieren und so ihren Lebensraum aktiv gestalten.

Im ausgehenden 19. Jahrhundert war der Biber in Deutschland durch aktive Bejagung und Landschaftszerstörungen im großen Stil fast ausgerottet. Durch Wiederansiedlungen im 20. Jahrhunderts in Verbindung mit verbesserten Schutzmaßnahmen, konnte sich wieder ein stabiler Bestand entwickeln. In Brandenburg leben aktuell knapp über 2.500 Tiere, davon ungefähr 600 in der Uckermark.

Aufgrund des Gewässerreichtums sind auch Lurche und Kriechtiere weit verbreitet. So besitzt die Europäische Sumpfschildkröte in der Uckermark einige ihrer letzten Refugien.

Vom zeitigen Frühjahr bis in den Frühsommer hinein mischen sich in das Vogelkonzert die Rufe der Frösche, Unken und Kröten. Früh im Jahr legen die Moorfrösche ihr exotisch anmutendes blaues „Hochzeitsgewand" an. In lauen Nächten des späten Frühjahrs bringen die Rotbauchunken sowie die Laubfrösche die Luft manchmal zum Vibrieren.

Gefährdung

Die größte Gefahr besteht in der zunehmenden Industrialisierung der Land- und Forstwirtschaft. Bäuerliches Wissen, zum Beispiel über Fruchtfolgen, spielt in einer im Wesentlichen zentral von der Europäischen Union gesteuerten Landwirtschaft kaum noch eine Rolle. Äcker und Forsten werden zu reinen Produktionsstandorten degradiert, denen jede Fähigkeit zur Selbstregulation verloren gegangen ist. Erträge können deshalb vielfach nur noch über einen hohen Einsatz von Fremdstoffen wie Düngemittel und Pestizide eingefahren werden. Damit einher geht eine hohe Belastung des Bodens, des Grundwassers, des Oberflächenwassers und der Luft.

Diese Industrialisierung hat auch einen Verlust an Arbeitsplätzen, einen hohen Wasserverbrauch und die Entwässerung der Landschaft sowie die Beseitigung kleinteiliger Landschaftsstrukturen zur Folge.

Yann erlebte auf seinen Reisen rund um den Globus an vom Klimawandel bedrohten Plätzen für ihn inszenierte Geschichten – und erweiterte sie mit seiner Vorstellungskraft und Kreativität spielerisch zu aufregenden Abenteuern zwischen Fantasie und Wirklichkeit.

Der Biotologe Yann erlebt auf seinen Reisen um die Welt 12 Abenteuer. Kennst du sie alle?

In einer Reihe von zwölf spannenden Geschichten entdecken kleine Leser zusammen mit dem Biotologen Yann die aufregende Vielfalt der Welt – die durch beeindruckende Fotos und Informationen zu Flora und Fauna zum Leben erweckt wird.

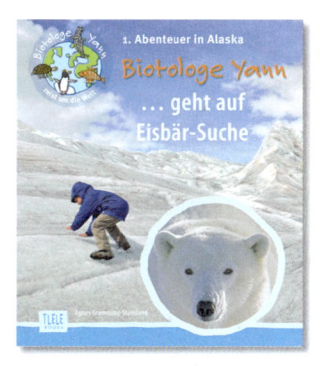

ISBN 978-3-944275-00-0
1. Abenteuer: Auf einer Expedition zu den Eisbären bei den Gletschern Alaskas – 2012

ISBN: 978-3-944275-01-7
2. Abenteuer: Durch den nördlichen Regenwald, auf dem Weg zum weisen Wolf – 2014

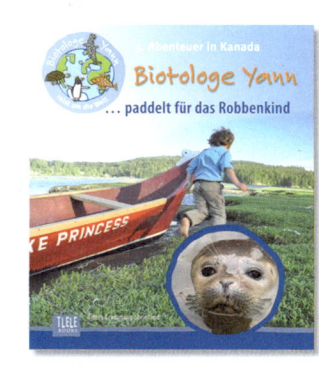

ISBN: 978-3-944275-02-4
3. Abenteuer: Im Kanu paddelnd im Pazifik, um einem Robbenkind zu helfen – 2012

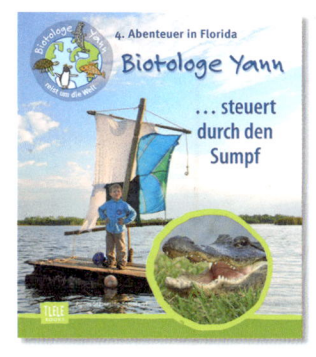

ISBN: 978-3-944275-03-1
4. Abenteuer: Auf einem Floß durch die gefährlichen Sümpfe der Everglades in Florida – 2012

ISBN: 978-3-944275-04-8
5. Abenteuer: Im tropischen Regenwald Costa Ricas, auf der Suche nach dem geheimnisvollen Quetzal – 2014

ISBN: 978-3-944275-05-5
6. Abenteuer: Auf den Spuren der Piraten auf den Galápagos-Inseln – 2012

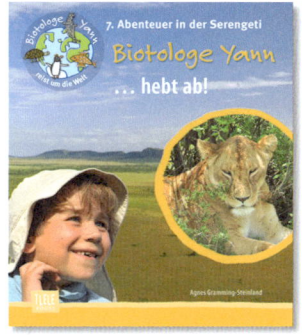

ISBN: 978-3-944275-06-2
7. Abenteuer: In einem Heißluftballon über die Weiten der Serengeti – 2012

ISBN: 978-3-944275-07-9
8. Abenteuer: Mit dem Volk der Hadzabe auf der Jagd mit Pfeil und Bogen – 2013

ISBN: 978-3-944275-08-6
9. Abenteuer: Im Dschungel Thailands auf einem Elefanten reitend – 2014

ISBN: 978-3-944275-09-3
10. Abenteuer: Unter Wasser am Great Barrier Reef, mit einem lustigen Fisch – 2013

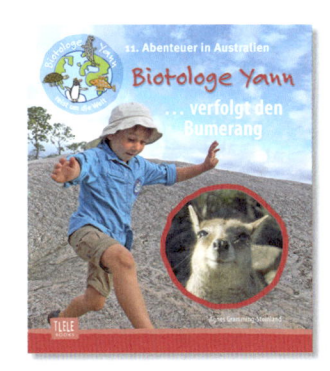

ISBN: 978-3-944275-10-9
11. Abenteuer: Mit der Hilfe von Kängurus in Australien hinter einem Bumerang her – 2012

ISBN: 978-3-944275-11-6
12. Abenteuer: Mit einem Biber ein Moor in Brandenburg rettend – 2013